LA MISE EN SCÈNE AU THÉATRE

NOTES CRITIQUES

Par un abonné au Théâtre royal de la Monnaie

BRUXELLES
IMPRIMERIE J. LEBÈGUE ET Cⁱᵉ
6, RUE TERARKEN, 6
—
1889

LA
MISE EN SCÈNE
AU THÉATRE

NOTES CRITIQUES

Par un abonné au Théâtre royal de la Monnaie

BRUXELLES
IMPRIMERIE J. LEBÈGUE ET CIE
6, RUE TERARKEN, 6
1889

Bruxelles. — Imprimerie J. Lebègue et Cie, rue Terarken, 6.

LA MISE EN SCÈNE AU THÉATRE

NOTES CRITIQUES

par un abonné au Théâtre royal de la Monnaie

Les journaux *L'Émulation* (1), *L'Étoile Belge* (2) et *L'Art Moderne* (3) ont publié tour à tour un intéressant article de M. J. Brunfaut, intitulé : *L'Archéologie au théâtre,* résumant des communications faites à la Société centrale d'Architecture et à la Société d'Archéologie de Bruxelles.

Dans cette étude critique, l'auteur s'est surtout attaché à montrer que, malgré la somme de travail et de soins dont est généralement l'objet, au théâtre de la Monnaie, la mise en scène des œuvres lyriques, surtout des plus récentes, il reste encore de graves et nombreuses observations à faire relativement au caractère architectural et archéologique d'une grande partie des décors. Il a signalé aussi les erreurs et les anomalies déparant

(1) Livraison n° 6, de juin 1889.
(2) N° 25, du 5 août 1889. Supplément.
(3) N° 5, des 18 et 22 septembre 1889.

souvent les costumes, surtout ceux de la figuration, qui laissent fréquemment à désirer comme exactitude historique ou locale, principalement lorsqu'on les utilise tour à tour pour plusieurs opéras.

M. Brunfaut voudrait voir adjoindre aux artistes décorateurs de la Monnaie un spécialiste ayant des connaissances étendues en archéologie et dont le concours tendrait à rehausser encore le prestige artistique de notre première scène lyrique, déjà si favorablement appréciée au point de vue musical.

Ce vœu, appuyé à l'unanimité par les deux sociétés précitées, sera, sans nul doute, partagé par les abonnés et habitués de la Monnaie et il serait, croyons-nous, de réalisation facile, — sauf quant au remaniement actuel et complet des décors du répertoire courant, à cause des frais élevés qu'un tel travail de reconstitution exigerait.

Pour ce qui concerne les œuvres nouvelles annoncées ou à l'étude et pour le renouvellement des décors défraîchis, dont le nombre s'accroît rapidement d'année en année — le troisième acte du *Pardon de Ploërmel* vient encore d'en fournir un exemple, — il faut espérer que les judicieuses observations de M. Brunfaut seront écoutées et nous vaudront à l'avenir les pures jouissances artistiques dont le savant critique doit souvent ressentir la privation au milieu de ses délectations musicales.

Il est vrai que la grande masse du public qui fréquente nos théâtres bruxellois, et particulièrement la Monnaie, est relativement peu choquée des erreurs et des anachronismes signalés par le sagace observateur dont les journaux ont publié les réflexions. Plus accessible aux manifestations chatoyantes d'une mise en scène pompeuse et brillante qu'aux sensations raffinées de l'art pur, ce grand public est volontiers disposé à faire le sacrifice de celles-ci à celles-là ; mais d'autre part, et d'accord en cela avec tous les esprits délicats, il a sur certains points, spécialement en matière d'illusions scéniques, des exigences parfaitement justifiées et que nous essayerons de formuler, tout en regrettant de ne pouvoir le faire avec plus d'autorité.

La mise en scène au théâtre est un art difficile, étendu et très complexe, embrassant à la fois les hommes et les choses (considérés soit collectivement, soit isolément), ayant à évoquer exactement et à des points de vue très variés, non seulement l'aspect ou les caractères physiques de ces éléments divers, mais encore leur rôle moral, leur note personnelle et spéciale dans l'ensemble défini et harmonieux de l'action. Comme tel, cet art doit donc s'étendre aux relations mutuelles et réciproques des hommes et des choses dans les multiples domaines archéologique, historique, géographique et épisodique.

Les procédés, les engins et les accessoires les plus matériels, les plus prosaïques par eux-mêmes, d'une mise en scène bien entendue, doivent contribuer à produire chez le spectateur une illusion si parfaite que lorsque ses sens se trouvent sous le charme de la phrase musicale ou sous l'empire de l'action dramatique, rien ne puisse venir diminuer ses impressions, ou l'enlever à la sensation d'une intense réalité. Quand les satisfactions de l'auditeur se complètent ainsi de celles du spectateur, les plus hauts sommets de l'art sont atteints, ce qu'il est malaisé d'obtenir à notre époque sceptique et gouailleuse; mais c'est assez dire que pour arriver à ce but, il est indispensable, chez le régisseur comme chez le metteur en scène, que l'homme de métier soit doublé d'un artiste.

Il peut sembler difficile d'augmenter la somme d'illusions et de jouissances artistiques du spectateur, tout en restant dans le domaine pratique d'une organisation peu compliquée et de dépenses non exagérées.

Tel n'est pas notre avis, et le problème nous paraît aisé à résoudre pour celui qui, sachant observer et analyser ses impressions au théâtre, se rend compte des causes — souvent bien insignifiantes par elles-mêmes — qui viennent, en traversant inopinément l'action, porter de si fâcheuses atteintes à la beauté et à l'intérêt artistique du spectacle, sous forme de menus incidents : négligences de mise en scène, manœuvres maladroites de décors, d'éclairage ou d'accessoires, ou même insuffisance de discipline du personnel de la scène.

S'il en était vraiment ainsi et si nous parvenions à démontrer qu'une recherche plus soucieuse et plus artistique de l'illusion a réellement l'influence que lui attribuent bien des habitués du théâtre, dont nous nous faisons ici l'écho, il serait assez facile à la nouvelle direction de la Monnaie, aidée par un personnel dont les cadres sont complets, d'offrir au public et cela sans grands frais, un spectacle dont le niveau artistique matériel fût à la hauteur du niveau artistique musical auquel nous sommes accoutumés à Bruxelles depuis de longues années.

Loin de nous la pensée de critiquer les directions qui se sont succédé depuis que l'administration actuelle a, en 1885, abandonné la direction du théâtre où elle a laissé de si glorieux souvenirs; et pour ne parler que du règne non moins brillant, à certains égards, de la direction précédente, il faut tenir compte équitablement de la situation toute spéciale et très difficile d'une administration dont les plus importants chefs de service : régisseur et chef d'orchestre, étaient en même temps les directeurs responsables. Les forces dont peut disposer l'activité humaine ne sont guère compatibles avec les multiples et écrasants devoirs de charges aussi absorbantes.

Si, au point de vue musical, le théâtre de la Monnaie a réussi, pendant ces dernières années, à maintenir son ancien et mérité prestige, c'est que l'un des deux directeurs n'en avait pas moins conservé ses attributions d'habile et savant chef d'orchestre. Si, d'autre part, pendant la même période, le théâtre a gardé son régisseur général — qui dans la belle mise en scène des divers opéras montés à Bruxelles a, depuis longtemps, affirmé ses hautes qualités artistiques, — il n'avait toutefois plus de régisseur spécial, veillant au détail, à la manœuvre quotidienne des hommes et des choses, à l'organisation matérielle, aux accessoires, etc.; non plus qu'il ne possédait, pas davantage qu'aujourd'hui d'ailleurs, de personnel technique *compétent* dans la très importante question de l'éclairage, base principale et rationnelle des illusions scéniques.

Le matériel scientifique et technique de la mise en scène du théâtre royal de la Monnaie est, du reste, défectueux et des plus incomplets. Bruxelles est, à ce point de vue, resté fort en arrière des progrès réalisés dans l'outillage des scènes étrangères de premier ordre, et il serait fâcheux qu'un tel motif retardât longtemps encore l'essor complet d'un théâtre dont les progrès artistiques ont été si considérables à d'autres points de vue.

C'est à l'édilité bruxelloise qu'il appartient, au moins en partie, de mettre la nouvelle direction, aidée de ses chefs de service : régisseurs, etc., à même de réaliser les réformes qu'elle croira sans doute utile d'opérer en ce sens, et sur lesquelles l'auteur des présentes notes croit devoir attirer sa bienveillante attention.

L'utilité des réflexions qui vont suivre paraîtra d'autant moins discutable, que les premières représentations de la saison théâtrale actuelle ont montré non seulement la continuation de traditions regrettables au point de vue de l'art de la mise en scène, mais encore une aggravation des plus fâcheuses dans la négligence et dans l'insuffisance technique du personnel chargé de fournir au spectacle ses illusions scéniques.

Si nous nous plaçons au point de vue du spectateur, auquel échappe le travail compliqué du régisseur et du metteur en scène, nous constaterons que son appréciation de la mise en scène portera en premier lieu sur les *décors* et sur leur *maniement,* ensuite sur le *mobilier* et les *accessoires*, formant le milieu dans lequel se meuvent les personnages de l'action. De ceux-ci il appréciera tout d'abord les *costumes*, puis les *têtes;* enfin, il tiendra compte du *maintien* et des *allures des artistes,* des *groupements* et des *mouvements de la figuration,* du degré de vraisemblance de ses costumes et même de l'harmonie des teintes et des nuances de ceux-ci. La manière dont est faite la *police de la scène* est appelée aussi à jouer un rôle important dans les impressions du public. En tout ce qui précède, on ne peut observer défauts et qualités que grâce à l'*éclairage* et aux *jeux de lumière* électrique ou autre : éléments essentiels par conséquent d'illusions théâtrales de toute espèce; ce qui l'amènera avec raison à considérer la lumière, ainsi que son emploi intelligent et rationnel, comme l'un des principaux facteurs d'une mise en scène bien comprise.

Nous voici donc fixés sur le cycle à parcourir, et puisque l'éclairage et les jeux de lumière jouent au théâtre un rôle prépondérant comme diversité d'effets produits, arrêtons-nous-y tout d'abord.

Les applications dues aux progrès de la science ont, en moins de trois siècles, permis pour l'éclairage des théâtres d'en venir de la chandelle de suif à l'électricité, en passant par la cire, l'huile et le gaz. Si de nos jours, l'on ne vient plus devant les spectateurs moucher les chandelles de la rampe et si, à la Monnaie, l'électricité a depuis peu pris possession de la scène, sinon encore de la salle, il s'en faut de beaucoup que la question de l'éclairage et surtout des effets lumineux, soit convenablement résolue, du moins au point de vue des illusions scéniques.

Cela tient, d'une part, à la défectuosité des dispositifs successivement utilisés jusqu'à l'heure actuelle : tuyaux de gaz et réseau électrique qui commandent la rampe, les herses, les portants et les traînées; et d'autre part, au peu d'habileté des gaziers et électriciens du théâtre, qui ne paraissent pas se douter, dans le maniement de leurs appareils, sans doute peu perfectionnés d'ailleurs, du rôle absolument fâcheux et maladroit qu'ils font si souvent jouer à la lumière dans les effets scéniques. Que ne peut-on envoyer ces praticiens à quelques représentations des grandes scènes allemandes, Beyreuth, Dresde ou Vienne, par exemple, ou bien au Lyceum et même simplement aux théâtres de féeries à Londres! Ce serait pour eux une véritable révélation, et ils comprendraient alors tout ce que peut gagner un spectacle en éclat et en beauté par l'emploi intelligent et expérimenté des ressources matérielles qui sont à la portée de toutes les scènes de quelque importance. Pour ne parler que de certains effets lumineux : aurores et crépuscules, soleil levant ou couchant, orages, arcs-en-ciel, effets de nuit, apparitions fantastiques diverses, etc., ces effets sont parfois, dans certains de ces grands théâtres de l'étranger, tellement prestigieux et illusionnants, par la variété et l'exactitude des teintes employées, par la précision de la manœuvre, qu'ils émerveillent ceux même des spectateurs qui sont au courant des dispositifs employés.

A la Monnaie, au contraire, même dans les cas si simples et si fréquents d'obscurcissement ou d'éclaircissement général de la scène, c'est-à-dire dans les effets de soir ou de matin, qui n'a été frappé de la brusquerie inintelligente de la manœuvre et du manque absolu d'illusion scénique?

Nos gaziers et nos électriciens semblent ne pas se rendre compte que le but à atteindre est de transporter graduellement l'action dans des conditions de lumière dont le spectateur ne doit pas ressentir brusquement le contraste ou pouvoir constater le mécanisme. A la Monnaie, le public tient généralement pour acquise la notion que le soir, par exemple, est brusquement amené par tel ou tel nombre de coups de robinets ou de commutateurs éteignant (et rallumant parfois même par inadvertance) les diverses rangées de portants et de herses ainsi que l'éclairage de la rampe.

Pourquoi, dans une pareille manœuvre, si fréquente au théâtre, ne pas employer un bon appareil perfectionné de *commandement général,* permettant à un seul homme et par un levier unique manié avec soin, d'agir simultanément et par des gradations *insensibles* sur tout l'éclairage de la scène?

Les feux de la rampe, dont les variations doivent logiquement *suivre* ou *précéder* l'épanouissement ou l'extinction du reste de l'éclairage scénique, suivant qu'il s'agit d'effets de *matin* ou de *soir,* sont conduits sans nul souci de ces règles si simples, et le plus souvent on les voit passer par diverses phases contraires avant d'arriver au degré d'intensité voulu.

Le réglage de cette source lumineuse d'après les conditions épisodiques de la scène : entrées et sorties de torches, candélabres ou lampes, laisse généralement aussi beaucoup à désirer — on a encore pu le constater ces jours derniers, à la reprise de *Mignon,* au tableau de la fête nocturne, — et l'on s'aperçoit aisément qu'il y a là un manque de méthode ou de dispositifs pratiques, très regrettable pour l'illusion scénique.

Quant au mécanisme des changements de *coloration* de l'éclairage de la rampe, il est absolument rudimentaire et insuffisant. Les changements de teintes, rapides, partiels ou alternatifs, dont on peut tirer de si merveilleux effets scéniques, sont absolument inconnus à la Monnaie, faute d'un outillage *ad hoc.*

Mais il y a plus encore. Il y a longtemps, comme l'a judicieusement fait remarquer M. Kufferath dans sa remarquable étude sur la mise en scène du théâtre wagnérien (1), que l'on devrait avoir fait justice, sur les scènes françaises et belges, de cette tradition absurde et antinaturelle qui fait considérer les feux de la rampe comme le pivot immuable de l'éclairage de la scène. Le théâtre de Beyreuth

---

(1) Voir les numéros 16, 17, 18, 19 et 22-23 d'avril et mai 1888 du Guide Musical : *Richard Wagner et la mise en scène,* par M. Kufferath.

s'est fait à cet égard, comme à tant d'autres, le hardi novateur d'une véritable révolution scénique dont il a montré les précieux avantages ; malheureusement, nous n'avons, pas plus que les scènes françaises, profité de cette féconde révélation.

L'éclairage électrique des portants et des herses est loin, tel qu'il est maintenant installé à la Monnaie, d'avoir, entre autres, amélioré les aspects de l'aurore et du crépuscule. En effet, chaque diminution ou suppression de courant dans l'une des herses suspendues derrière les bandes d'air qui simulent le ciel et les nuages, ou derrière les lambris d'un intérieur, augmente l'intensité lumineuse du courant des autres herses, qui attendent leur tour d'extinction. Il en résulte une sorte d'alternance lumineuse, du plus curieux effet assurément, mais qui ne contribue nullement à donner l'impression de l'assombrissement graduel et méthodique du ciel ou d'un appartement dans un effet crépusculaire ou de nuit.

Que de fois n'a-t-on vu, lorsqu'il y a lieu d'assombrir un tableau garni d'un certain nombre de praticables, l'un ou l'autre portant ou châssis rester oublié dans la manœuvre et projeter une lumière qui contrastait violemment dans l'ensemble, déplorablement compromis !

Ce cas s'est encore présenté il y a peu de

temps dans *Lakmé*, au deuxième acte, pendant la fête religieuse. Qu'un oubli de cette nature vienne à être constaté par le personnel et brusquement alors l'extinction se fait, donnant lieu à un nouvel accroc, tandis qu'il faudrait faire disparaître graduellement la cause anormale, de manière que ceux qui n'en ont pas observé l'apparition n'aient pas la notion brusque et révélatrice de sa disparition. En résumé, il semble bien difficile d'obtenir d'un gazier ou d'un électricien de la Monnaie un « effet » correct et raisonné dans les modifications d'intensité lumineuse : tout se fait par saccades et avec une brusquerie déconcertante, qui diminue plus qu'on ne pourrait le croire le charme de la mise en scène et qui par conséquent distrait le spectateur de ses impressions musicales.

Si nous passons de l'éclairage de la scène aux effets spéciaux de lumière, c'est bien pis encore. Lorsque l'arc voltaïque entre en jeu, fournissant des projections de lumière électrique, on croirait vraiment que les crépitements saccadés de la source lumineuse, joints aux vacillations troublantes, voire même aux extinctions totales du rayon éclairant, non seulement résultent de l'absence de tout régulateur et d'électricien compétent, mais même sont produits par des appareils spécialement construits et « perfectionnés » pour l'obtention d'un tel but!

Nulle part ailleurs, même sur les moyennes scènes de l'étranger, le spectateur n'a à souffrir de ces désagréments, sans compter que la figuration a éprouvé à plusieurs reprises, à notre vu, notamment dans les dernières reprises de *Sigurd* et d'*Hérodiade*, la terreur de voir tomber, au milieu de son personnel, des fragments incandescents de charbon détachés des crayons voltaïques et qu'un treillis métallique, prudemment suspendu sous la lampe, aurait dû retenir. De graves accidents de diverses natures : blessures, brûlures, incendies, pourraient résulter du renouvellement de ces faits, qui nous rappellent aussi, dans *Sigurd,* la chute sur le plancher de la scène, côté cour, d'un verre coloré destiné à être placé devant les lampes. Si l'on ne peut facilement assujettir ces panneaux de verre, que l'on emploie du mica coloré avec des couleurs transparentes.

Malgré les miroirs paraboliques dont elles sont munies, les lampes électriques installées près du sommet des portants laissent parfois échapper des rayons excentriques donnant lieu, comme on a encore pu le constater ces jours-ci au deuxième acte du *Pardon de Ploërmel*, à de fâcheuses illuminations latérales. Un praticien expérimenté et attentif parviendrait aisément à en garantir les parties de décors telles que sommet des châssis latéraux, bandes d'air, toiles de fond, surfaces quelconques obliquement rencontrées, qui n'admettent pas l'éclairage intensif ; il éviterait ainsi des accrocs ou de fâcheuses fautes de mise en scène, et surtout l'exhibition des raccords, plis, coutures et défauts des toiles frappées obliquement.

A la Monnaie, il est pour ainsi dire de règle de voir ces éclairages adventifs et contraires à toute illusion scénique, venir s'adjoindre à l'effet cherché et altérer ainsi l'impression artistique de la décoration ou des groupes de la figuration disposés sur la scène.

Bien plus, les opérateurs ont un si mince souci de ces... excentricités lumineuses que l'on a pu constater maintes fois la projection en ombres chinoises, vers le fond de la scène, de bouts de cordages ou « fils », comme on les appelle au théâtre, se balançant dans le vide, des vêtements et même des mains de l'électricien, qui paraissait ne se préoccuper nullement de ces effets supplémentaires, si déplaisants, et si faciles cependant à éviter à l'aide d'écrans latéraux et d'un peu de soin dans la manœuvre.

On avait depuis peu introduit à la Monnaie, pour les effets de rayons lunaires, l'emploi d'un verre coloré bleuâtre, très illusionnant. Or, voici qu'à la reprise du *Pardon de Ploërmel* l'électricien du théâtre est revenu aux anciens errements, puisqu'à la scène nocturne de la forêt du deuxième acte, Dinorah et toute la scène sont brutalement inondées d'un flot éblouissant de lumière blanche, enlevant tout charme, toute poésie à l'aspect scénique de ce tableau. Si à cela l'on ajoute les crépitements de l'appareil, généralement mal réglé au début, et les ombres portées des bandes d'air se balançant sur la toile du fond, on arrive à un effet scénique peu fait pour donner aux étrangers une haute idée des merveilles de notre mise en scène.

L'exagération de l'intensité lumineuse est parfois aussi un écueil qu'un régisseur attentif pourrait éviter. Nous rappellerons à ce sujet, dans le quatrième acte des *Templiers,* un vitrail coloré et transparent en forme de rosace, occupant une toile de fond et vivement éclairé du fond de la scène par un projecteur électrique; or, pendant toutes les représentations de l'œuvre, l'intensité lumineuse de la rosace était si violente et, d'autre part, la source de lumière était tellement irrégulière et vacillante que les yeux des spectateurs étaient péniblement affectés et en quelque sorte hypnotisés par ce fâcheux éclat. L'effet décoratif, ingénieux par lui-même, perdait ainsi toute son harmonie, et l'attention de l'auditeur était inconsciemment détournée de la scène par ce dispositif, qui n'en devait constituer qu'un accessoire très secondaire.

Que de faits de ce genre pourraient être rappelés ! Mentionnons encore la persistance regrettable d'un éclairage trop vif dans la scintillation des ondes marines au deuxième acte de *Gioconda,* et enlevant toute illusion. Il en a été de même dans *Hamlet,* où le très bel effet scénique illustrant l'épisode de la mort d'Ophélie a été un soir absolument contrarié par une série de crispantes ombres chinoises, dues aux allées et venues des machinistes circulant entre la source lumineuse du fond et les bandes d'eau figurant le courant où, peu après, doit passer le corps d'Ophélie. C'est ainsi que de beaux effets scéniques, habilement conçus et remarquables lorsqu'ils sont bien exécutés, perdent tout prestige lorsqu'un manque de surveillance ou de soin en entrave la parfaite réalisation.

Dans le même ordre d'idées, nous rappelerons encore le deuxième acte des *Maîtres chanteurs,* dans lequel la projection d'un faible rayon lumineux, s'échappant de la lampe à « globe d'eau » de Hans Sachs, coupe malicieusement la retraite aux deux amoureux Walther et Éva. Certains soirs, l'électricien du théâtre, posté dans l'échoppe de Sachs, a barré l'obscurité de la scène par un vigoureux rayon électrique d'une clarté éblouissante, exagérant ainsi d'une façon invraisemblable l'effet de scène, qui y perdait toute sa poésie.

Au premier acte de *La Walkyrie,* qui se passe dans une profonde obscurité, la scène n'est guère éclairée que par un foyer, brûlant à grande flamme. Il ne faut pas longtemps pour que l'éclat et l'agitation de cette flamme deviennent pénibles à la vue et l'on peut voir les spectateurs et les spectatrices employer qui un programme ou un journal, qui un éventail, pour s'en faire un écran et se mettre à l'abri d'une sensation irritant l'œil et empêchant bientôt de distinguer les péripéties de l'action dramatique. Sans rien changer au jeu scénique établi, il eût été facile, au cours des occupations ménagères de Sieglinde, de lui faire poser devant le foyer allumé un récipient, ustensile ou objet quelconque formant écran pour le public et n'empêchant point les reflets de la flamme d'éclairer la scène et d'être perçus par le spectateur. Plus tard, lorsque l'extinction du foyer devient un épisode scénique, le récipient ou écran protecteur pouvait être enlevé et les spectateurs n'eussent pas souffert pendant une bonne demi-heure d'une sorte d'éblouissement assez pénible. Dans *Jules César*, l'habile troupe des Meininger a avantageusement employé un pareil jeu de scène pour un cas analogue.

Ces menus détails, importants cependant par leur action sur le public et sur ses impressions, sur son humeur même, prouvent à toute évidence combien le metteur en scène ferait chose utile en se transportant fréquemment dans la salle afin de juger, en meilleure situation que de la scène, du résultat de ses dispositifs et de ses combinaisons optiques ou mécaniques.

L'absence de certains effets lumineux n'offre pas moins d'inconvénients qu'une trop grande intensité d'éclairage. Ainsi, au troisième acte des *Maîtres chanteurs,* une fenêtre tout ensoleillée vient à s'ouvrir au cours de l'action; or, il est arrivé déjà que, par suite d'une négligence assez choquante, l'obscurité des arrière-plans, non éclairés, est venue jeter sa note discordante dans l'ensemble riant du tableau. Ces jours derniers, à la reprise du *Pardon*, au deuxième acte, l'électricien avait oublié, au lever du rideau, de projeter le disque de la lune sur le fond du ciel, et l'astre des nuits s'y est subitement épanoui, quelques instants après, au grand amusement des loustics. De plus, il se trouvait maladroitement projeté sur une grossière couture de la toile de fond, ce qui le coupait en deux d'étrange façon.

Le même soir, le préposé aux appareils avait négligé d'éclairer par transparence les ondes de la cascade sous le pont d'où tombe Dinorah, et c'est seulement au moment où s'abaissait le rideau qu'il a réparé son oubli, faisant ainsi élimination d'un joli effet scénique.

Au dernier acte de *Mignon*, un tiède rayon de soleil doit, à l'aube, pénétrer par la fenêtre contre laquelle vient s'appuyer Mignon. Le soir de la reprise, le rayon n'était naturellement pas à son poste à l'instant voulu pour illuminer la poétique héroïne, à qui, de même, l'on faisait ainsi perdre un joli effet scénique.

Dans *Le Caïd,* il y a quelques jours, la prière des musulmans — appelés par le muezin à l'heure du lever du soleil — était depuis longtemps commencée quand les herses ont tardivement fait apercevoir les premiers symptômes d'éclairage, et que vingt-huit, puis encore quatorze coups de robinets — nous garantissons les chiffres — ont prosaïquement figuré l'aurore et produit sur la scène la pleine lumière du jour.

Le choix de la coloration des effets de lumière n'est pas toujours heureux non plus à la Monnaie. Nous avons vu, notamment au deuxième acte des *Templiers,* par exemple, sous prétexte de crépuscules, des teintes violettes colorer les toiles de fond d'une manière absolument inadmissible, alors que des colorations orangées et rougeâtres s'imposaient.

Tout en admettant les teintes originales ou étranges que peuvent parfois revêtir au théâtre les rayons lumineux dans les scènes fantastiques de certaines œuvres : ballets, féeries et pièces où le surnaturel est dans son domaine, on devrait absolument les exclure de la représentation normale des phénomènes de la nature.

La logique et l'observation devraient plus souvent guider nos metteurs en scène. Nous nous souvenons encore que les premières représentations de *Gioconda* ont été consacrées à une série d'« expériences » — qu'on eût pu réserver pour les répétitions générales — sur la teinte lumineuse à donner aux fenêtres d'un édifice : temple ou palais éclairé le soir de l'intérieur. Ces fenêtres s'illuminaient, non de jaune ou d'orangé rougeâtre, mais de reflets électriques tantôt blancs, tantôt bleus, évoquant l'idée d'un éclairage interne dû au soleil ou à la lune.

Lorsqu'il s'agit soit de ballets, soit de scènes de réjouissance avec cortèges, évolutions, etc., dont un éclairage intense fait ressortir la somptuosité, il semble conseillable de faire appel à des projecteurs électriques, ou plutôt oxhydriques, disposés le long de la rampe, ou bien encore à de puissants foyers électriques aménagés au fond et au sommet de la salle et éclairant de face la scène.

Après avoir apprécié les avantages de l'éclairage intensif de face dans les théâtres étrangers où ce système est adopté, nous admettons difficilement que pour les ensembles chorégraphiques ou à grand spectacle, on puisse encore s'en passer; d'autant plus que les frais de costumes et d'accessoires nécessités par l'œuvre représentée sont faits en pure perte, si la richesse de ces éléments décoratifs n'est pas mise en valeur par un éclairage bien entendu.

C'est là, disons-le en passant, une observation qui s'applique avec une grande force au ballet *Messalina* que l'on joue en ce moment à l'Éden-Théâtre.

Dans certains opéras, comme dans *Faust* et dans *Les Contes d'Hoffmann,* il est nécessaire d'éclairer épisodiquement le visage d'un seul personnage. Pour rendre plus saisissant l'effet scénique, il conviendrait d'adjoindre à la lampe électrique spéciale imaginée dans ce but, un diaphragme du système « iris », dont le maniement permet à l'électricien de faire apparaître subitement sur le visage du sujet la lueur « fantastique » voulue, sans être préalablement obligé, comme cela a lieu actuellement, de faire glisser le rayon lumineux tout le long du corps de l'acteur avant de l'arrêter à la hauteur de son visage. Il y a dans l'imprévu et dans l'instantanéité d'effets scéniques de cette nature un élément favorable au prestige de l'action, qu'un metteur en scène habile ne devrait pas négliger. Il ne se dissimulera pas que le parfait rendu de détails de ce genre — si insignifiants qu'ils puissent paraître — est la condition d'une bonne mise en scène théâtrale et, avec un peu de sagacité et de soins, il arrivera à perfectionner bien vite les procédés et les illusions scéniques.

Un dispositif déplaisant qui s'observe très souvent, presque constamment, dirons-nous, est formé par les traînées, c'est-à-dire par les rangées mobiles de lumière dont on garnit le plancher de la scène derrière les châssis peu élevés ou les praticables disposés vers le fond du théâtre et qui simulent des balustrades, des tertres, des rampes, des escaliers, des bandes d'eau, etc. Il existe le plus souvent, entre le sol et la base de ces châssis, un vide que souligne alors une raie lumineuse intense, laquelle détruit toute l'illusion de la plantation du décor et montre prosaïquement l'existence de toiles et de châssis en place du motif décoratif figuré, qui seul devrait attirer les regards ou captiver l'imagination.

Il serait aisé de remédier à cet inconvénient, si général, en ourlant la base des châssis, du côté opposé au spectateur, d'un bourrelet ou d'un épais volant d'étoffe souple et non transparente, reposant sur le plancher de la scène et interceptant le rayon lumineux de la traînée.

Ce dispositif permettrait aussi de supprimer l'effet fâcheux formé par les raies lumineuses qui apparaissent à la base des décors du fond lorsque des éclairs, par exemple, illuminent les arrière-plans. Le deuxième acte de *La Juive* vient encore de montrer, il y a quelques jours, un exemple de ce genre.

D'ailleurs, les opéras représentés à la Monnaie dans lesquels ces inconvénients s'observent sont très nombreux; aussi, la mesure préventive recommandée ci-dessus devrait-elle être d'une application générale.

D'autres imperfections isolées du même genre, mais d'applications variées, s'observent fréquemment.

Ainsi, dans le ballet *Pierrot macabre*, le manque de soin du metteur en scène, ou d'un machiniste, a permis pendant plusieurs soirées de constater la prosaïque présence d'un bout de bougie allumée là où devait s'ouvrir l'œil, fantastiquement brillant dans la nuit, d'un hibou gigantesque. C'est assez dire que l'impression produite ne correspondait nullement à l'effet attendu. Dans *Le Prophète*, le décor de la cathédrale de Munster a souvent montré une lumière fixée vers le haut d'un portant et dénotant d'une manière désolante la transparence de la toile, en un point où il fallait évoquer l'aspect d'épaisses murailles.

Dans le ballet *Myosotis* et dans un autre encore, joué au cours de l'année dernière, une lumière inopportune, nettement visible pour les spectateurs des fauteuils d'orchestre et du bas de la salle, brillait tous les soirs fort tranquillement sous la base d'un praticable en forme d'escalier, faisant face à la rampe.

Quantité d'exemples pareils pourraient être évoqués, montrant l'utile et consciencieuse besogne qui incombe au régisseur de la scène pour prévenir ces mille et un petits accrocs à l'harmonie et au cachet artistique du spectacle.

Dans un ordre d'idées assez voisin, voici encore quelques observations du même genre qu'il nous paraît utile de formuler. Dans le deuxième tableau du troisième acte de *Sigurd*, comme aussi dans les deux premiers actes du *Pardon de Ploërmel*, joué ces jours derniers, on a pu à peu près constamment entendre gronder le tonnerre *avant* d'avoir vu briller l'éclair, ce qui est absolument irrationnel, il ne faut pas être docteur ès sciences pour le savoir.

Dans plusieurs opéras, lorsque les machinistes simulent des éclairs derrière un décor de fond dont les ouvertures, portes ou fenêtres, sont disposées de manière à permettre au spectateur d'apercevoir les reflets aériens de l'orage, ils devraient avoir soin de suspendre sur l'envers du châssis entoilé, plus ou moins transparent, qui les sépare des spectateurs, un lambeau de tissu opaque ou ciré, disposé de manière que de la salle on n'aperçût point par transparence, ou par les joints du châssis, les grandes flammes de lycopode servant à produire les « éclairs ». Cet inconvénient est très fréquent ; mais il y a mieux encore. A la reprise de *Mignon*, cette année, pendant le tableau de l'incendie de la salle du théâtre, chacun a pu voir se profiler en ombres chinoises, à l'intérieur de celle-ci, les silhouettes de deux machinistes maniant et secouant frénétiquement leurs grandes pipes à lycopode utilisées pour produire les « flammes » de l'incendie. On provoque ainsi le rire au milieu des incidents les plus dramatiques, et la sensation d'art disparaît.

La transparence des toiles de décor est encore la cause, dans la scène de l'incendie du navire de *Gwendoline*, du pitoyable résultat produit, au point de vue de l'effet scénique, par le dispositif employé, qui montrait de simples trames d'étoffes légères, là où il eût fallu avoir l'impression d'épais bordages en bois.

Gwendoline a aussi, à la stupéfaction du public de la Monnaie, offert le spectacle de deux lunes, la première se montrant à l'horizon au fond de la scène et s'élevant dans le firmament, tandis que l'autre éclairait sur le côté la scène du navire d'un éblouissant faisceau lumineux, des plus inadmissibles.

Avec l'éclairage électrique des herses accompagnant les bandes d'air, on a pu, dans *Les Pêcheurs de perles* et, cette année, dans *Le Pardon de Ploërmel,* inaugurer un nouveau et fort bon dispositif pour la représentation d'un orage, aux éclairs fulgurants. L'inévitable écueil dû aux mauvaises manœuvres des machinistes s'y est toutefois fait encore sentir, non seulement par le *manque de mesure* des manifestations lumineuses qu'ils avaient à reproduire, mais encore par l'absence d'un doigté rationnel se fondant sur l'observation de la nature. Celle-ci, dans l'apparition de l'éclair, nous montre en effet une durée infiniment courte (une très petite fraction de seconde), abstraction faite, bien entendu, de la durée des impressions lumineuses sur la rétine et du résultat de la répétition spasmodique du phénomène.

A la reprise du *Pardon,* cette année, nous avons pu contempler à loisir, pendant l'orage du premier acte, un éclair comme « figé » pendant plus d'un quart de minute sur l'une des bandes d'air, où l'électricien l'avait oublié ! Au deuxième acte du même opéra, une étrange combinaison de lueurs bleues, blanches et roses, agrémentée de l'inepte projection latérale et oblique d'un faisceau électrique se promenant lentement sur la toile du fond — dont il dévoilait à loisir les plis, coutures et défauts divers — ont fait se fâcher... ou se divertir beaucoup les spectateurs, suivant leur tempérament. Ici encore, un commandement général facultatif des herses et l'emploi à volonté de teintes blanches et violettes sont indispensables pour produire l'illusion cherchée.

A Bruxelles, la scène de l'épée de *La Walkyrie* nous a paru moins bien réglée qu'en

Allemagne, qu'à Dresde par exemple, dont le théâtre royal est une véritable école de mise en scène intelligente et artistique et qui, à ce point de vue, ne nous paraît être dépassé par aucune grande scène en Europe.

Ici, le public voit avec étonnement étinceler dans l'ombre la poignée de l'épée « Détresse » enfoncée dans le tronc du frêne de la demeure de Hounding, et cela précisément au moment où le foyer allumé dans l'âtre s'écroule et éteint ses flammes.

Tel est bien en vérité le thème voulu de cet épisode scénique; mais cet écroulement doit être accompagné soit de la mise à nu des cendres rouges, soit plutôt d'une projection d'étincelles, facile à obtenir au moyen d'une insufflation de poussière de charbon, et ce sont ces cendres apparentes ou ces étincelles qui, à diverses reprises, doivent faire briller dans la nuit profonde la poignée de l'épée mystérieuse.

A la Monnaie, on voit au contraire comme un jeu de cache-cache assez incompréhensible, consistant en ce que chaque fois que, sous l'action du vent s'engouffrant dans l'âtre, la flamme se rallume, alors précisément la lueur reflétée sur l'épée disparaît, et *vice versa!* De plus, la projection lumineuse rougeâtre qu'un réflecteur électrique envoie dans le manteau de la cheminée comme reflet de la flamme primitive du foyer, persiste tout le temps, sans qu'il soit tenu compte des variations ou de l'extinction de celle-ci.

Dans *Les Contes d'Hoffmann,* une bague « électrique » d'un assez joli effet a brillé les premiers soirs au doigt du docteur Miracle. Si elle a été bientôt remplacée par un vulgaire strass, c'est évidemment que les électriciens du théâtre n'étaient point à même de remédier à un petit dérangement de l'appareil ou de renouveler la lampe minuscule qu'il comportait. Résultat : l'abandon regrettable d'un curieux effet scénique.

Les *projections* se rattachent intimement au chapitre de la lumière. En Allemagne, sur les grandes scènes de Beyreuth, Dresde, Vienne, etc., ainsi qu'à Londres, on obtient par des dispositifs de ce genre des illusions scéniques très remarquables. Au théâtre de la Monnaie, de louables efforts ont été tentés dans ce sens, mais la manœuvre des appareils laisse presque toujours fortement à désirer.

Au troisième acte de *La Walkyrie,* tout est peut-être fort bien disposé pour obtenir le remarquable effet de nuées mouvantes qui doivent animer le fond du paysage, mais la manière peu soigneuse dont les plaques rotatives sur lesquelles sont peints les nuages étaient généralement manipulées, à de rares exceptions près, était vraiment déconcertante et de nature à gâter absolument ce bel effet scénique. Par suite d'une rotation irrégulière, discontinue même, de l'image projetée, les nuages accéléraient ou ralentissaient brusquement leurs mouvements, dont l'uniformité absolue et une plus grande lenteur surtout, devaient faire tout le charme.

Nous en avons même vu rebrousser chemin, pendant une ou deux secondes, ce qui était du plus piteux effet. De plus, la mise au point était mauvaise par le fait même qu'elle était généralement trop précise. Au lieu d'avoir l'impression de nuées vaporeuses et flottantes, l'œil du spectateur n'apercevait que trop souvent une peinture grossière, écaillée et striée par places, où l'on distinguait les coups de pinceau, etc.; tout cela parce que les électriciens s'imaginaient, sans doute, devoir « mettre bien au point » comme pour un portrait ou un paysage, alors que c'était précisément le contraire qu'il aurait fallu.

Quant à la projection des Walkyries traversant les airs, elle avait généralement le tort de former des images trop vivement éclairées, cheminant parfois d'une manière saccadée et inadmissible et, de plus, mal choisies comme exécution matérielle (1).

Aussi, ces apparitions provoquaient-elles plus de sourires que d'admiration par suite du manque de naturel qui les caractérisait, et auquel il eût été facile d'obvier en appropriant les vues employées, à défaut d'autres plus convenables.

Bien que nous eussions pu allonger fortement l'énumération des cas divers montrant qu'il y a encore beaucoup à faire, au théâtre de la Monnaie, dans cet important domaine de l'éclairage et des effets de lumière, ce qui précède suffira amplement, croyons-nous, pour prouver à la direction et aux nouveaux régisseurs du théâtre qu'il y a de consciencieuses recherches et études à faire afin d'améliorer les conditions matérielles de ce point si important d'une mise en scène artistique et bien réglée. Cette question de la lumière est même *prépondérante,* car c'est d'elle que dépend presque toujours le succès des illusions scéniques, et c'est pour ce motif que nous avons

---

(1) Ces images représentaient, non les personnages qui venaient de quitter la scène, mais les Walkyries classiques, s'élevant au Walhall entourées de draperies flottantes et de nuées, et emportant avec elles les cadavres de héros terrestres morts au combat. La projection de telles images n'était nullement en situation et déconcertait absolument le public.

cru utile de nous y étendre avant de passer aux autres éléments de la mise en scène.

Ce qui frappe tout d'abord les yeux quand le rideau se lève, ce sont les décors. Ceux du théâtre royal de la Monnaie, surtout lorsqu'il s'agit d'œuvres pas trop anciennes, sont généralement satisfaisants. De temps à autre, on nous sert quelques vieilles et affreuses toiles, défraîchies et indignes d'une scène de cette importance ; mais en règle générale, l'aspect est convenable. En ce qui concerne les œuvres nouvelles des huit ou dix dernières années, nous devons même à l'habile régisseur général qui les a montées et aux artistes de talent qui en ont exécuté les décors d'après ses instructions, des félicitations sincères, sans autre réserve peut-être qu'au point de vue archéologique, sujet spécial si bien traité dans l'article de M. Brunfaut, et sur lequel nous ne reviendrons pas ici, tout en partageant complètement la manière de voir de cet éminent critique.

Quoi qu'il en soit, il est peu de théâtre en Europe où les décors soient aussi bien combinés et plantés et, surtout, aussi artistement peints que ceux qui ont été exécutés à Bruxelles dans la dernière période décennale. Peu de personnes paraissent même se douter de l'évidente supériorité que présente, à ce point de vue, notre première scène lyrique sur beaucoup de théâtres renommés de l'étranger. Dans des occasions récentes, où le régisseur et les décorateurs de la Monnaie avaient tout à innover, et où les difficultés étaient cependant grandes et nombreuses, la presse étrangère, témoin du succès obtenu, a été unanime sur ce point. Il nous suffira de rappeler comme exemple la superbe mise en scène de *Sigurd,* qui, au deuxième acte surtout, a été un véritable triomphe pour ses auteurs et organisateurs.

L'art d'établir et de bien planter les décors, d'améliorer l'ancien matériel en en faisant disparaître certaines défectuosités, a fait depuis peu à la Monnaie l'objet d'études consciencieuses, qui seront continuées, il faut l'espérer. Citons particulièrement l'adaptation, dans les décors de certaines œuvres tout récemment montées, de plusieurs dispositifs de mise en scène dont le théâtre wagnérien ou l'intéressante troupe des Meininger ont fourni l'exemple; tels sont la plantation d'une salle ou d'un intérieur en diagonale, remplaçant avantageusement, dans certains cas, le froid et classique rectangle; l'effet décoratif très réussi, employé récemment pour le prologue de *Roméo et Juliette;* le tableau si original de la chapelle souterraine dans *Richilde;* les rideaux de vapeurs de *Sigurd* et de *La Walkyrie*, etc.

Nous pourrions toutefois exprimer le regret de n'avoir pas vu utiliser plus souvent, spécialement pour les changements à vue, pour les transformations ou substitutions de personnages, pour les apparitions, etc., ces dispositifs nouveaux, notamment les rideaux de vapeurs, combinés avec les gazes transparentes, et qui, sur quelques grandes scènes de l'étranger, sont maintenant devenus d'un usage courant.

On aurait pu emprunter beaucoup plus aux Meininger également, au point de vue des effets de scène, illusions, bruits de coulisses, etc., où plus d'art et d'illusion se manifestaient que dans leurs décors, lesquels au point de vue « pictural », étaient de beaucoup inférieurs aux nôtres, et dénotaient parfois un manque de goût dont nous n'avons presque jamais à nous plaindre à la Monnaie.

Mais ce qui, malheureusement, arrive souvent sur notre scène, c'est qu'un maniement maladroit des décors leur fait perdre une grande partie de leur prestige et en contrarie absolument l'effet.

Une insouciance étonnante des nécessités de l'illusion scénique semble la règle adoptée par nos machinistes, qu'il faudrait étroitement surveiller. Presque *chaque soir*, on voit des toiles de fond ou des rideaux d'arrière-plan recevoir des chocs déplaisants et balancer les paysages ou les édifices que ces toiles représentent. Dans *La Walkyrie* (premier acte, dernière scène), ce fait, si fâcheux pour l'illusion du spectateur, se produisait régulièrement à chaque représentation en ce qui concerne la toile à filet sur laquelle est appliquée la décoration ajourée représentant la forêt printanière derrière la demeure de Hounding. Outre cette circonstance fâcheuse, une projection de foyer électrique, appelée à figurer les rayons du soleil, venait le plus souvent frapper d'une manière tellement oblique et anormale la toile ainsi balancée, que l'on apercevait beaucoup plus nettement le réseau des mailles du filet que le feuillage soutenu par lui.

Lorsqu'une manœuvre de toile de fond, comme dans *Carmen* (troisième acte) ou dans *Le Prophète* (tableau de la prise de Munster) doit représenter la lente et poétique ascension du soleil levant, en commençant par une aurore (dont il serait facile de faire un spectacle attrayant en disposant convenablement les colorations diverses d'un éclairage spécial et progressif), que voit-on? Un énorme store peint qui, brusquement, s'enlève à un moment donné et s'enroule rapidement dans les combles avec une vitesse irritante et puis... c'est à peu près tout, si l'on y ajoute quelques nerveux coups de robinets agissant successivement sur la rampe, sur les herses et sur les portants. Et encore, que de fois n'avons-nous pas constaté dans des cas pareils le navrant oubli de l'éclairage d'une des bandes d'air ou d'un portant! Que devient l'illusion dans tout cela et à quelles cruelles épreuves le charme du spectacle n'est-il pas soumis?

La descente et le relèvement des nuées de gazes légères qui, dans *La Walkyrie,* doivent voiler en partie le combat de Hounding et de Siegmund, dans les praticables du fond de la scène, ont — par suite d'une manœuvre inhabile s'ajoutant aux défectuosités de l'éclairage — entièrement gâché presque chaque soir le bel effet scénique établi par le régisseur général, d'après les données du théâtre royal de Dresde, où l'impression laissée par cette scène est bien autrement belle et saisissante.

On peut se demander, à propos des bandes d'air, pourquoi les décorateurs de presque tous les théâtres, sauf quelques rares exceptions, s'obstinent à les tailler toujours à base flottante horizontale et à les colorer avec la même intensité de haut en bas, ainsi qu'on peut s'en assurer dans *Le Caïd,* dans *Le Pardon,* dans *Mignon,* etc. Cela ne prête pas du tout à l'illusion. Pourquoi ne pas les découper avec de légères ondulations inférieures et ne pas les traiter — avec discrétion toutefois — comme de légères nuées, comme des nuages arrondis, flottant dans l'espace ? Quant à la teinte, elle devrait être plus claire et plus blanche sur les côtés et vers le tiers inférieur de la bande d'air, non seulement pour ajouter à l'illusion, mais encore parce que la position des herses tend à éclairer plus vivement le haut et le centre que le bas et les côtés des bandes d'air successives. La dégradation verticale d'éclairage qui, dans le système actuel, caractérise les bandes d'air, est antinaturelle et contraire à l'illusion optique. Même en conservant les bandes d'air rectilignes simulant l'azur d'un ciel sans nuage, il faudrait encore éclaircir la teinte de leur zone inférieure pour donner un ton égal et régulier à l'ensemble.

Il arrive parfois que pour certains changements de décors, des châssis descendants doivent s'appliquer exactement contre des montants surgissant des dessous de la scène ou des côtés. Dans la pratique, cette manœuvre laisse souvent à désirer et l'on voit des balancements se prolonger au grand dam de l'illusion, ou même des solutions de continuité qui feront par exemple s'épanouir la tête feuillue d'un arbre à bonne distance latérale du tronc de celui-ci, ou bien qui feront suspendre les solives d'un plafond dans le vide, à côté des montants ou des colonnes qui doivent censément les soutenir. Ne pourrait-on tenter, à l'aide de plaques aimantées et de fer doux — bien faciles à disposer aux points critiques, nous semble-t-il, — d'assurer sans hésitation, grâce à l'application complète ainsi produite, la promptitude et la précision de ces sortes de raccords?

Lorsqu'une toile, un portant ou un rideau ne sont pas convenablement placés du premier coup, on constate presque toujours que les équipes rendent cette erreur plus sensible encore au public en opérant des tractions violentes, des mouvements brusques attirant ainsi l'attention des spectateurs qui n'ont pas remarqué le défaut initial. Il est, au contraire, indispensable de procéder avec calme et d'une manière insensible, car on évite ainsi d'attirer une seconde fois l'attention du public sur un accroc et l'on a quelque chance de laisser la seconde manœuvre inaperçue pour ceux qui n'ont pas remarqué l'insuccès de la première.

Une revision attentive des « joints » de

beaucoup de décors et de panneaux mobiles, serait fort utile, surtout de ceux où des portes de fond donnent sur des arrière-salles ou sur des couloirs fortement éclairés. Les allées et venues que l'on constate si souvent par l'entre-bâillement lumineux des portes distraient le public des épisodes qui se passent aux avant-plans, et nuisent d'autant plus à l'intérêt du spectacle que souvent par ces interstices — qu'il faudrait border d'un ourlet d'étoffe épaisse — des curieux de la coulisse, artistes ou figurants, se plaisent à contempler le spectacle ou la salle, sans se douter qu'ils forment écran dans la raie lumineuse filtrante et que leur présence, toujours obsédante, est parfaitement constatée par le public.

Jamais nous n'oublierons l'impression fâcheuse d'une tête de curieux ayant eu l'impertinence de contempler la salle, pendant le fameux duo du quatrième acte des *Huguenots*, en soulevant le cadre d'un tableau décorant, du côté jardin, la salle de l'hôtel de Nevers. Les mesures les plus sévères devraient être prises pour empêcher le renouvellement de pareils faits, que nous avons vu se passer deux fois dans la même scène, à peu de jours de distance, et dont l'équivalent s'est encore reproduit ces jours derniers, sous le couvert de l'une des portières d'étoffe disposées de chaque côté de la scène, dans l'avant-dernier tableau de *La Juive*.

Les observations qui précèdent font plutôt partie des critiques à élever sur la police de la scène et ne se rattachent qu'incidemment aux défauts de la décoration.

Si nous passons maintenant au mobilier et aux accessoires, nous n'aurons, pour ce qui concerne le théâtre de la Monnaie, pas grand'chose à critiquer, à moins d'entrer dans le domaine archéologique, où des spécialistes pourraient sans nul doute faire des observations intéressantes. Mais, désireux de rester dans le rôle que nous nous sommes assigné et qui est de nous faire l'interprète des impressions du grand public, c'est-à-dire d'énoncer des critiques ne ressortissant pas à la compétence des spécialistes, nous nous bornerons à exprimer le désir de voir un peu plus de richesse et de diversité dans le mobilier théâtral de la Monnaie et un peu moins de prosaïsme dans celui employé pour un bon nombre de levers de rideau, etc.

Au point de vue des accessoires, il est certains détails qui gagneraient à être soumis à une surveillance plus attentive. Ainsi, dans *La Walkyrie,* où la fameuse épée « Détresse » joue un si grand rôle, on voit, au deuxième acte, Sieglinde disparaître dans la forêt avec la moitié seulement de l'épée brisée que doit lui donner Brunehilde en protégeant sa fuite. Or, dans les opéras wagnériens, où la mise en scène est à juste titre tenue en si haute estime (1), est-il admissible qu'on dénature de la sorte un épisode qui est le point de départ de l'opéra Siegfried? Dans cette partie, en effet, de la tétralogie wagnérienne, Siegfried, fils de Sieglinde, ayant hérité de celle-ci les deux tronçons de l'épée invincible brisée par Wotan entre les mains de son père Sigmund, parvient à réunir ces tronçons, qu'il forge malgré les railleries de Mime, et dont il reconstitue l'épée victorieuse qui doit lui permettre de délivrer Brunehilde. Cet énoncé sommaire montre combien est choquante l'habitude que l'on a prise à la Monnaie de n'exhiber dans la fuite de Sieglinde qu'un seul des tronçons de la fameuse épée.

Les caprices, ou même l'amour-propre des artistes, doivent souvent opposer de redoutables obstacles aux conseils et aux désirs du régisseur, nous n'en doutons nullement; mais cependant l'intérêt du spectacle et l'exactitude de la mise en scène devraient toujours pouvoir l'emporter, en cas de conflit.

Il nous souvient que lors d'une des der-

(1) Voir M. KUFFERATH, *loc. cit.*

nières reprises de *La Walkyrie,* les journaux ont dû relever, pour le blâmer, le luxe de diamants dont avait cru pouvoir se parer certain soir l'artiste remplissant le rôle de la fille de Wotan. Voit-on le bel anachronisme résultant de l'apparition, en ces temps héroïques ou fabuleux, des merveilles scintillantes de la taille moderne des pierres précieuses, alors que pendant de si longs siècles la monture des gemmes en cabochon était seule usitée, conjointement avec leur emploi à l'état naturel !

Dans *Le Pardon de Ploërmel,* joué ces jours derniers, les paroles et actions des personnages en scène, comme les motifs d'orchestre, indiquent clairement que l'approche de la chèvre de Dinorah est signalée par le son argentin d'une clochette. Pourquoi alors ne pas munir de l'accessoire nécessaire l'animal qui fait sur la scène plusieurs apparitions précédées du son de cette clochette et qui, actuellement, ne porte pas même un collier ? Détail futile, si l'on veut, mais qui montre l'absence de préoccupations tournées vers la recherche de la vérité scénique.

Certains trucs manquent souvent leur effet, faute d'une manœuvre soigneuse. Nous venons de le voir, ces jours-ci encore, dans le divertissement de la tour enchantée, au troisième acte de *La Juive,* où l'entrée des premières danseuses a été absolument manquée le soir de la reprise, et une autre fois encore, par suite de l'obstination d'un panneau à transformation à ne pas vouloir fonctionner.

Faut-il relever les naïvetés du port et de l'emploi des accessoires secondaires : armes, amphores à boire, palmes triomphales, etc., que l'on constate si fréquemment de la part de la figuration? Nous ne le croyons pas, et il suffira de réclamer une surveillance plus attentive de ces menus détails de la mise en scène.

Les bruits de coulisses : tonnerre, pluie, vent, etc., qui ont leur rôle utile dans la réalisation des illusions scéniques, sont généralement fort mal rendus à la Monnaie, et il est vraiment dommage que les Meininger, passés maîtres en ces sortes de détails matériels, n'aient pas eu plus d'influence dans l'amélioration de nos procédés et de nos dispositifs. Il est certain que l'étude et l'application rationnelle des lois de la physique, et l'observation des phénomènes de la nature, doivent faire l'objet des soins les plus attentifs d'un régisseur consciencieux et d'un bon metteur en scène.

Dans les sons destinés à évoquer les bruissements du vent, au premier et au deuxième acte du *Pardon,* on ne retrouve guère l'illusion des rafales faisant ployer les branches de la forêt. On entend le châssis de la mécanique craquer parfois sous la brutale pression de l'opérateur, et le bruissement de l'étoffe est à la fois trop rapide et trop intense, ce qui dénature complètement l'effet.

Au premier acte de *La Juive,* ce n'est certes pas un orfèvre habitué à marteler et ciseler des métaux précieux que l'on entend travailler dans l'habitation d'Éléazar, mais un forgeron laissant choir son marteau sur une enclume dépourvue de toute pièce de travail. L'oreille des auditeurs en est désagréablement affectée. Il en est souvent de même pour le bruit assourdissant des cloches qui tintent trop violemment dans divers opéras, alors qu'avec un peu plus de tact et de modération on en obtiendrait d'admirables effets scéniques.

Si nous passons aux costumes, sans toucher en rien au côté archéologique ou historique, nous relèverons quelques fautes ou inexactitudes patentes.

Au troisième acte des *Huguenots,* dans le duel de Raoul et de Saint-Bris, n'est-il pas choquant de voir les deux groupes de valets qui, *arrivés de côtés opposés,* emportent respectivement les manteaux des combattants, porter l'un et l'autre une même livrée, celle de la maison de Nevers?

Dans le même opéra, l'artiste qui, ces dernières années, jouait le rôle du page Urbain était certes revêtue d'un costume faisant sensation par son élégante magnificence. Mais pourquoi ce costume exhibait-il manifestement les armoiries de la reine de Navarre, alors que le message, accompli devant une nombreuse assistance de seigneurs de la cour, devait rester secret quant à son origine, au moins jusqu'au moment de la lecture du billet? Ce non-sens ne s'est plus présenté à la reprise de cette année.

Dans l'acte final des *Templiers,* pourquoi avoir revêtu les chevaliers marchant au bûcher, non de la chemise blanche des pénitents, mais de leur armure guerrière, c'est-à-dire de leur cotte de mailles? Tout cela est peu logique et frappe désagréablement le spectateur attentif.

Au troisième acte de *Gioconda,* la toilette de l'héroïne — qu'on avait vue, au premier acte, apparaître sous son costume et ses dehors normaux de chanteuse des rues — semblait, dans l'éblouissante splendeur des *bijoux* qui la soulignait, un véritable défi au bon sens, sinon une manifestation regrettable de la coquetterie naturelle d'une artiste, désireuse de racheter l'effacement de sa première apparition. La vraisemblance scénique et les exigences de la situation font condamner de telles infractions au bon goût et à l'illusion théâtrale.

Dans les œuvres créées ou montées depuis quelques années au théâtre de la Monnaie, on constate généralement pour les costumes des artistes, une richesse, un goût et souvent même un souci de la vérité historique des plus louables. Mais pour la figuration il n'en est pas toujours de même. Dans certaines reprises, les habitués peuvent souvent rattacher à une série d'œuvres très diverses, des éléments hétérogènes : costumes, coiffures et accessoires, qui se trouvent ainsi réunis avec peu d'à-propos, en dehors de leur cadre naturel. Le même cas se présente, croyons-nous, un peu partout; mais à Bruxelles, ce genre de combinaison économique est d'un usage par trop général et les résultats en sont rarement satisfaisants.

Certains costumes sont absolument grotesques. Nous n'en citerons comme preuve actuelle que la toilette des six coryphées accompagnant le dais dans la cérémonie religieuse du troisième acte du *Pardon de Ploërmel*. Sur un caraco en percale bleue, est jetée une tunique de gaze blanche entièrement ourlée de guirlandes de roses, lesquelles se répètent sur la tête de ces figurantes, sous forme de couronnes.

Il nous a été donné de voir en Bretagne des « pardons » et des plus pittoresques encore, et certes nous pouvons affirmer, malgré la variété et l'étrangeté de certains costumes locaux, religieux ou autres, que jamais l'on ne voyait pareille mascarade déparer les pompes naïves de ces curieux cortèges.

C'est surtout dans les coiffures et dans les chaussures que l'on constate les adaptations les plus étranges. Que viennent faire les hauts bonnets persans dans *Les Pêcheurs de perles*, dont l'action se passe à Ceylan, et dans *Lakmé,* dont l'action se déroule dans l'Hindoustan ?

Certaines formes modernes de chaussures féminines ont parfois singulièrement contrasté dans les costumes de la figuration; mais ces cas sont isolés et relèvent alors de la police de la scène.

Si nous passons maintenant au jeu des artistes, à leur maintien en scène, à leur manière de s'identifier avec le personnage à représenter, de se grimer, etc., nous nous trouvons en présence d'un sujet délicat, qu'il suffit d'effleurer en affirmant que le public apprécie mieux que certains artistes ne paraissent le croire, la somme de travail, d'application et d'intelligence consacrée à l'expression matérielle de leurs rôles. La distinction est bien vite faite entre les artistes consciencieux, tout à leur personnage, et ceux qui, sans cesse distraits par des causeries, ou même par ce qui se passe dans la salle, ne fournissent nullement l'impression que le public est en droit de leur demander.

Chez d'autres, le côté lyrique et musical du rôle paraît absorber toutes les facultés, ce qui produit un effet fâcheux lorsque le public a eu l'occasion d'apprécier dans les mêmes rôles des artistes consciencieux ayant le souci de faire exprimer à leur attitude, à leurs gestes et à leurs jeux de physionomie le reflet voulu par la situation dramatique. On comprend difficilement, par exemple, l'impassibilité de corps et de visage de Rachel, dans *La Juive,* lorsqu'elle entend la menace de malédiction de son père et encore en d'autres passages du même opéra, desquels le public bruxellois a conservé de si impressionnants souvenirs.

Si l'attitude embarrassée du prince Léopold, dans la scène du collier du même opéra, est jusqu'à un certain point compréhensible, encore devrait-elle se manifester par une mimique de circonstance.

Dans la nouvelle distribution des *Huguenots* qui vient d'être présentée au public bruxellois, Raoul et surtout Valentine traversent étrangement impassibles de visage et d'allure, les dramatiques épisodes de cette action si vibrante. Pas une fois, à côté d'une superbe interprétation vocale, l'attitude et la physionomie des personnages représentés ne se mettent complétement à l'unisson de leurs sentiments et de leurs passions. Cela est pénible et déconcertant pour le spectateur, qui se souvient et qui compare, et une telle absence de sentiment dramatique restreint sensiblement le succès des interprètes les mieux doués au point de vue purement vocal.

Il est regrettable que les artistes en général ne sentent pas davantage combien il importe de ne pas négliger le côté plastique de leur rôle. A ceux qui, faute de maîtres ou de conseillers expérimentés, voudraient s'initier à l'art important de rendre avec justesse les attitudes et les jeux de physionomie, on pourrait recommander l'étude et la méditation des ouvrages où ces sujets sont traités avec science et autorité, tels, par exemple, que ceux de Darwin, Mantegazza, Schack, etc. (1).

La lecture du traité de Mantegazza spécialement, sur *La physionomie et l'expression des sentiments,* sera sans nul doute pour beaucoup une véritable révélation, et on ne pourrait trop conseiller cette initiation à quelques-uns des nouveaux pensionnaires de la Monnaie.

Il suffit quelquefois d'une simple attitude non conforme aux exigences rationnelles de l'action pour produire des effets scéniques fâcheux. Pourquoi, par exemple, Siegmund, dans le deuxième acte de *La Walkyrie,* à son entrée en scène avec Sieglinde qu'il vient de ravir à Hounding qui les poursuit — et dont il est censé protéger la fuite, — arrivait-il tenant parfois son arme de la main gauche, parfois même la pointe du glaive en arrière? Chaque attitude au théâtre, scrutée par un nombreux public, demande à être logique et raisonnée, et le succès dramatique de quelques-uns de nos artistes de ces dernières années se justi-

---

(1) CH. DARWIN, *L'expression des émotions chez l'homme et chez les animaux.* (Paris, Reinwald et Cie, deuxième édition.)

P. MANTEGAZZA, *La physionomie et l'expression des sentiments.* (Bibliothèque scientifique internationale. Paris, F. Alcan, 1885. Un volume in-8°, 264 pages, 8 planches.)

S. SCHACK, *La physionomie chez l'homme et chez les animaux dans ses rapports avec l'expression des émotions et des sentiments.* (Paris, J.-B. Baillière, 1887. Un volume in-8°, 445 pages, 154 figures.)

fiait presque autant par la parfaite observation de cette règle que par le sentiment dramatique intense réservé plus spécialement à quelques natures privilégiées, dont Mme Rose Caron pour le grand opéra, et Mlle Samé pour l'opéra-comique, représentent les merveilleuses et impeccables incarnations.

Il est fort déplaisant de voir, dans le répertoire bouffon ou même ordinaire de l'opéra-comique, de bons artistes, sous prétexte de se grimer et de se faire une tête, en arriver parfois à tomber dans la charge la plus grossière. Si certaine fraction du public peut leur en être reconnaissante, celle plus nombreuse des gens de goût a le déplaisant spectacle d'affreux masques animés, dans lesquels tout est outré et contraire à l'illusion scénique. Il semble qu'un certain contrôle du régisseur serait parfois hautement désirable pour empêcher ces excentricités.

Des spectateurs de la Monnaie ont d'ailleurs, à plusieurs reprises, ces dernières années, dû manifester hautement leur mécontentement du sans-gêne et du goût douteux de plaisanteries ou de jeux de scènes introduits sans tact ni mesure par l'un ou l'autre artiste de la troupe d'opéra-comique, qui ne savait pas se contenter des effets plaisants indiqués par l'auteur.

En ce qui concerne le maintien du personnel de la figuration, le régisseur de la scène a un rôle important à remplir, car il y a beaucoup à faire dans cette voie pour arriver à la perfection.

Quelle différence entre les entrées et les mouvements automatiques de nos figurants et ceux, par exemple, que nous a montrés la brillante troupe des Meininger (1) ! Là, chacun prend sa part à l'action, en suit avec une mimique raisonnée et intelligente toutes les péripéties, s'identifie avec le personnage, change d'attitude et de physionomie suivant les épisodes plaisants, dramatiques ou lugubres. Que ne peut-on infuser un peu de cette ardeur dans les veines de nos figurants et surtout de nos placides figurantes ! — car parmi les premiers quelques-uns se font remarquer du public par leur bonne volonté.

On pourrait reprocher aux figurants des Meininger de pêcher parfois par excès de zèle, surtout dans certains mouvements d'ensemble, comme dans *Jules César*, dans *Jeanne d'Arc*, etc., mais ce n'est certes pas un

---

(1) Voir le feuilleton dramatique publié, en mai 1888, par M. MAURICE KUFFERATH, dans *L'Indépendance Belge*, intitulé : *Les comédiens du duc de Saxe-Meiningen*, et contenant de très intéressantes réflexions sur la mise en scène, la vérité scénique, etc., appliquées à la célèbre troupe des Meininger.

reproche qui sera jamais encouru par ceux de la Monnaie.

Il est vraiment déplorable de constater dans les épisodes les plus pathétiques, comme, par exemple, dans la scène de la folie de *Lucie de Lammermoor,* dans la scène de la mort de Valentin au troisième acte de *Faust,* dans celle du collier de *La Juive*, etc., l'absence d'attitudes appropriées, et l'indifférence absolue de la physionomie de la plupart des femmes, choristes et figurantes, même quand les chants d'ensemble expriment toute la part que le personnel des chœurs devrait prendre à l'épisode qui se déroule devant lui.

Lorsqu'on fait appel à des comparses du dehors pour renforcer les contingents des cortèges, comme dans *La Juive* et dans bien d'autres opéras, il serait bon que des lavabos fussent mis à la disposition de ces messieurs pour leur permettre de se présenter en scène sous des dehors plus avantageux que ceux qu'ils exhibent parfois.

Il faudrait éviter aussi les barbouillages affreux que les figurants, les femmes et les enfants surtout, montrent sous prétexte de représentation de types nègres, etc. Dans *Jocelyn,* les femmes du peuple, à l'acte de la révolution, ont étalé pendant quelques soirées une telle débauche d'yeux pochés, de balafres et de visages souillés, que l'effet scénique cherché était évidemment dépassé et devenait absolument déplaisant par son exagération.

L'intervention du régisseur et du metteur en scène dans le groupement et dans les évolutions des masses chorales et du personnel de la figuration, est d'une importance capitale. A ce point de vue, le public de la Monnaie ne peut que rendre hommage à l'habile groupement de la figuration dans plusieurs des œuvres nouvelles représentées à ce théâtre, dans ces dernières années. Il nous suffira de rappeler les pittoresques évolutions et groupements du personnel dans la scène de la révolution et surtout au lever du rideau de la scène des fugitifs, au premier tableau du deuxième acte de *Jocelyn*. Il y avait dans l'ordonnance et dans la composition de ces groupes, dans le choix et dans l'harmonie des couleurs, une expression d'art véritable, faisant, surtout du second de ces tableaux, un ensemble inoubliable et d'un goût parfait.

Mais, d'autre part, pourquoi le spectateur doit-il constater, pour les œuvres classiques du répertoire courant, la continuation des navrantes traditions du groupement ridicule d'une figuration uniformément alignée devant la rampe, disposition qui tend actuellement à être abandonnée dans les grandes scènes allemandes?

Pourquoi aussi le régisseur de la scène n'utilise-t-il pas les éléments de son personnel d'une manière plus appropriée et plus esthétique? On ne voit que trop souvent se profiler ou se carrer au tout premier rang, sous les feux de la rampe, des jambes d'une académie plus que douteuse, des physionomies disgraciées par la nature ou par les années, provoquant l'hilarité et auxquelles un peu plus d'effacement conviendrait mieux, lors même qu'il s'agirait de chefs d'attaque.

Au point de vue de la distribution des costumes, suivant la structure, la taille et l'aspect des personnages, il y aurait encore beaucoup d'utiles conseils à donner au régisseur de la scène.

Il nous paraît assez inutile, d'autre part, d'emprunter aux usages allemands les maillots rembourrés avec exagération, tels que ceux des pages de *Gioconda*, par exemple. Ces effets forcés sont d'un goût douteux et les résultats obtenus prêtent plus souvent au rire qu'à l'illusion.

S'il faut, dans une scène muette, représenter quelques bourgeoises ou dames nobles, se rendant, par exemple, à l'église, comme dans *La Juive* (premier acte), dans *Méphisto-*

phélès, etc., ou défilant dans une cérémonie quelconque, on peut régulièrement s'attendre à voir ces rôles et ces toilettes attribués aux figurantes ayant le moins de prestance et d'allure. Gauches dans leurs mouvements, embarrassées dans leurs traînes et leurs atours, elles prennent alors une attitude confuse ou effarouchée, et se sauvent au plus vite, en n'essayant même pas de dissimuler le rire inintelligent et crispant dont elles sont immanquablement atteintes en ces circonstances.

Tout cela est profondément regrettable au point de vue de l'effet scénique et c'est au régisseur qu'il appartient d'apporter bon ordre à cet état de choses, trop fréquent et des plus déplaisants.

La manière peu naturelle dont se remplit la scène au deuxième acte de *Lakmé,* lorsque la foule est censément attirée et retenue par les chants de la prêtresse hindoue, est d'une naïveté rare, alors qu'à l'aide d'un certain va-et-vient préalable bien réglé, de signes d'appel, etc., il serait si facile de donner une allure de vie et de vraisemblance à cette scène. Au quatrième acte des *Huguenots,* lorsque Valentine doit, pendant la conjuration, chanter isolée en s'avançant vers la rampe, la manière absurde dont le personnel lyrique et toute la figuration se retourne et s'immobilise le visage tourné vers la porte du fond, sans aucun jeu scénique explicatif, sans motif apparent, s'obstinant simplement à ne pas voir Valentine, est profondément inadmissible. Il serait bien facile, par une distribution appropriée du signe de ralliement des conjurés : brassard ou croix blanche — insignes que dans de précédentes reprises de cet opéra, nos figurants, bien à tort, portaient déjà en entrant, — de créer un épisode muet, permettant à Valentine de se trouver pendant quelques instants ignorée des conspirateurs, absorbés par ce jeu scénique.

Que de remarques de cette nature ne pourrions-nous faire, montrant combien un régisseur attentif et soucieux d'amener une illusion scénique complète, aurait à modifier et à améliorer les traditions généralement suivies à la Monnaie !

Récemment, à la reprise des *Huguenots*, les apparitions et évolutions du personnel de la scène ont été fort mal réglées au troisième acte. Lorsque sont arrivés sur la scène les soldats huguenots que Marcel appelle à l'aide, les spadassins apostés par les amis de Saint-Bris avaient déjà fui et rendaient ainsi l'arrivée de ce secours inutile, sinon risible.

Par une étrange inadvertance du régisseur, on a pu voir il y a peu de jours encore, dans le premier acte du *Caïd,* les musulmans, au moment de la prière, se prosterner vers l'occident au lieu de l'orient, points cardinaux clairement indiqués par les jeux d'ombre et de lumière des décors.

Si nous passons maintenant à la *police de la scène,* nous nous trouvons en face d'une des principales imperfections de notre scène lyrique. Cette police est assurément très mal faite et ses impardonnables négligences ont, à plusieurs reprises, dans ces dernières années, provoqué les observations du public et de la presse. Que de fois n'a-t-on eu à se plaindre du bruit importun de la manœuvre des machinistes ; des conversations, des disputes même de la figuration massée derrière les portants ou les toiles de fond, attendant le moment d'une entrée ; des allées et venues peu déguisées des hommes d'équipe, de figurants en retard, ou de leurs attitudes de curieux se profilant entre les portants ou les draperies, en des moments où leur présence était absolument inopportune !

A la reprise de *Mignon,* cette année, le chef d'orchestre a été obligé, à deux reprises, d'imposer lui-même silence au personnel de la scène massé derrière le rideau pendant l'exécution de l'ouverture. N'est-il pas déplorable qu'il faille en arriver là et que l'on puisse se croire à l'opéra de Pont-à-Mousson plutôt qu'à celui de Bruxelles?

Les claquements de doigts, les ordres précipités, les..... interjections même du régisseur ne s'entendent que trop fréquemment, montrant l'inertie et le peu de zèle de la figuration. Des chutes de corps pondéreux, des coups et heurts de toute nature se font régulièrement entendre, ainsi que des conversations à haute voix, alors que les entr'actes d'orchestre ou certains passages de chant. duos ou solos, demandent un religieux silence.

Dernièrement encore, dans *La Juive,* tout l'acte de la Pâque et du grand air de Rachel n'a-t-il pas été déplorablement troublé par le continuel piétinement, sur le plancher du fond de la scène, des chevaux qui attendaient là leur entrée pour le divertissement du tableau suivant? Que de fois le public n'a-t-il pu constater, au lever du rideau, la fuite précipitée et toujours risible de certaines personnes étrangères à l'action! Que de fois n'a-t-il pas été choqué par la présence inopportune et obsédante d'artistes ou même d'intrus, écoutant et regardant dans la salle ou sur la scène par l'entre-bâillement d'une porte, d'une draperie ou entre les portants, et ne paraissant pas se douter — non plus que le régisseur sans doute — combien de la salle il est facile de constater leur présence ! Que d'observations l'on pourrait faire au sujet de la mauvaise tenue et des rires niais des figurantes et des coryphées dans les épisodes où une certaine réserve est indispensable au prestige de l'action scénique, comme dans le groupe des femmes voilées faisant partie du cortège funèbre des *Templiers;* dans celui des danseuses sacrées du divertissement du temple, d'*Aïda;* dans la blanche théorie des druidesses et des jeunes filles du deuxième acte de *Sigurd;* dans l'entrée des dames « de la noblesse » du dernier acte de *La Fille du régiment,* etc., etc. !

Combien de fois n'avons-nous pas vu certaines des coryphées et des figurantes garder des bas foncés ou de couleur, contrastant avec les exigences de la tenue réclamée, ou bien conserver leurs chaussures de ville en des scènes où un tel anachronisme était inadmissible; d'autres ayant oublié leurs gants et exhibant des bras et des mains de maritorne étalés sur des costumes de cour, comme cela s'est encore présenté, il y a peu de jours, dans *Les Huguenots!* Il y aurait, dans cette voie, tout un ensemble d'accrocs à signaler dans la bonne tenue du petit personnel, contraires à l'harmonieuse réalisation de l'illusion scénique. Il n'est pas douteux que des plaintes très vives et absolument justifiées finiraient par se faire énergiquement jour, tant dans la presse qu'au sein du public, si les errements des années précédentes et des premières représentations de cette année devaient se perpétuer — en s'accentuant même, ainsi qu'on a pu le constater.

Nous avons maintenant passé en revue les divers éléments de notre programme critique. Bien que nous ayons strictement limité celui-ci à la partie matérielle et en quelque sorte secondaire de l'art de la mise en scène, on a pu voir que beaucoup de progrès restent à réaliser. C'est précisément parce que, dans le domaine « matériel », ces améliorations sont faciles à obtenir, que nous avons cru devoir limiter notre étude à des données de cette nature.

D'aucuns trouveront peut-être puériles et terre à terre certaines de nos réflexions ou de nos observations. Toutefois, la certitude de nous faire l'interprète d'un bon nombre de spectateurs et surtout d'habitués du théâtre de la Monnaie, et notre conviction que c'est précisément l'élimination, si désirable dans l'intérêt des impressions du public, de ces éléments prosaïques, qui aura pour effet de rehausser la valeur et l'intérêt artistique du spectacle, constituent, nous semble-t-il, des raisons suffisantes de nos critiques et de leur diffusion publique.

En formulant celles-ci, sans parti pris et sans aigreur, nous n'avons eu d'autre intention que de montrer aux directeurs, régisseurs, artistes, figurants, machinistes et employés de la Monnaie, et de tous les théâtres en général — et ils sont nombreux — auxquels peuvent s'appliquer nos réflexions, combien le spectateur est plus influencé qu'on ne le croit, dans son appréciation comme dans ses jouissances, par ces mille et un petits accrocs et défauts de la mise en scène. Or, rendre plus agréables et plus complètes les jouissances artistiques du public n'est pas seulement un but honorable pour l'amour-propre d'une direction intelligente : il y a là un domaine offert à son habileté, dont ses intérêts matériels peuvent ressentir, sans aucun doute, la favorable influence.

A ceux qui seraient tentés de qualifier de béotiens les esprits portés à ne pas s'intéresser exclusivement à la partie musicale d'une œuvre lyrique, nous répondrons qu'en défendant une thèse ardemment soutenue par Wagner et adoptée par tous les disciples et adeptes de ce remarquable rénovateur de l'art, nous ne croyons pas avoir traité un sujet puéril. On sait, en effet, comme l'a exposé M. Maurice Kufferath dans sa belle étude sur la mise en scène du théâtre wagnérien, que l'illustre maître, mettant admirablement en pratique et amplifiant génialement les idées émises avant lui en France, dès 1809, par le colonel Grobert (1), a montré que la mise en scène, avec toutes ses ressources, doit être logiquement appelée à jouer un rôle capital à côté de l'œuvre musicale proprement dite. De ces deux éléments, étroitement confondus et harmonisés, il faut chercher à faire une œuvre unique, impressionnant, sans défaillance aucune, les sens du spectateur-auditeur, et le tenant ainsi sous le charme d'une impeccable exécution artistique.

Les observations qui précèdent — nous le répétons — ne visent que des détails ne relevant d'aucune compétence spéciale et n'ont donc à invoquer d'autre recommandation que celle de tout spectateur quelconque qui a eu l'occasion d'en vérifier le bien-fondé. C'est assez dire que leur auteur, en déclinant pour elles le mérite de l'autorité, réclame le béné-

---

(1) *De l'exécution dramatique considérée dans ses rapports avec le matériel de la salle et de la scène.* (Paris, F. Schœll, éditeur, 1809.)

fice de l'indulgence pour les inadvertances ou les hérésies qui auraient pu lui échapper.

Souhaitons en terminant que notre modeste voix, heureusement mise par la force des choses sous le haut patronage mentionné ci-dessus, puisse être entendue et écoutée. L'œuvre de rénovation et d'amélioration à accomplir est considérable assurément, mais si son programme, qu'approuvera sans nul doute le public, pouvait tenter les nouveaux directeurs du théâtre royal de la Monnaie, sa réalisation leur vaudrait certes la reconnaissance du public et de toutes les catégories d'habitués de notre belle scène lyrique.

E^t. Vd. B.

Bruxelles, octobre 1889.

www.ingramcontent.com/pod-product-compliance
Lightning Source LLC
LaVergne TN
LVHW050614090426
835512LV00008B/1482